La Gratitud

CON UNA SOLA VOZ TODA LA TIERRA Y EL SALMO MÁS CORTO

Salmos 100 y 117

C. H. Spurgeon

Editor Eliseo Vila

COLECCIÓN SALMOS

El Tesoro de David

EDITORIAL CLIE
C/ Ferrocarril, 8
08232 VILADECAVALLS
(Barcelona) ESPAÑA
E-mail: clie@clie.es
http://www.clie.es

© 2017 Editorial CLIE
Texto bíblico tomado de La Santa Biblia, Reina Valera Revisada® RVR®
Copyright © 2017 por HarperCollins Christian Publishing, Inc.®
Usado con permiso. Reservados todos los derechos en todo el mundo.
COLECCIÓN SALMOS

LA **G**RATITUD
ISBN: 978-84-16845-71-2
Depósito legal: B 17853-2017
VIDA **C**RISTIANA
Crecimiento espiritual
Referencia: 225045

SALMO 100 y 117

Reina Valera Revisada (RVR)

Exhortación a la gratitud
Salmo de alabanza.

¹⁰⁰Cantad alegres a Dios, habitantes de toda la tierra.

²Servid a Jehová con alegría;
 Venid ante su presencia con regocijo.

³Reconoced que Jehová es Dios;
 Él nos hizo, y no nosotros a nosotros mismos;
 Pueblo suyo somos, y ovejas de su prado.

⁴Entrad por sus puertas con acción de gracias,
 Por sus atrios con alabanza;
 Alabadle, bendecid su nombre.

⁵Porque Jehová es bueno; para siempre es su misericordia,
 Y su verdad por todas las generaciones.

Alabanza por la misericordia de Jehová

¹¹⁷Alabad a Jehová, naciones todas;
 Pueblos todos, alabadle.

²Porque ha prevalecido su misericordia sobre nosotros,
 Y la fidelidad de Jehová es para siempre.
 Aleluya.

SALMO 100

Con una sola voz toda la tierra[1]

1

─⟨≋≋≋⟩─

Título: *"Salmo de alabanza"* o, más literal, de *"acción de gracias"*[2]. Es el único salmo que lleva este título. Todo él arde en llamas de gratitud y adoración, razón por la que desde casi el mismo momento en que fue escrito pasó a ser de los predilectos del pueblo de Dios. «Cantemos el Salmo Cien»[3] ha sido una de las propuestas litúrgicas más habituales en las congregaciones cristianas desde siempre. Y continuará siéndolo mientras haya en este mundo hombres y mujeres con corazones leales al Gran Rey. Pues nada hay a este lado del cielo más sublime que este noble salmo cantado por una congregación numerosa. Tanto la paráfrasis poética del mismo que hizo Isaac Watts,[4] y que comienza diciendo *"Ante en trono imponente de Jehová"*[5], como

---

[2] En hebreo מִזְמוֹר לְתוֹדָה *mizmōwr ləṯōwḏāh* de תּוֹדָה *todah,* "acción de gracias".

[3] En el original *"Let us sing the Old Hundredth"*.

[4] Se refiere al escritor y compositor de himnos cristianos Isaac Watts [1674-1748], poeta, predicador, teólogo, lógico y pedagogo inglés, padre de la himnología protestante anglosajona. Escribió más de 750 himnos la mayoría de los cuales, traducidos a diversos idiomas, siguen utilizándose en muchas iglesias.

[5] Se refiere a un hermoso y conocido himno inglés basado en la versión poética de este salmo hecha por Isaac Watts [1674-1748] en su obra *"The Psalms of David"*, 1719; posteriormente adaptada

la del Salterio Escocés:[6] *"Todos los pueblos que habitan en la tierra"*, son versificaciones hermosísimas. Incluso Tare y Brady[7] se superan a sí mismos cuando entonan:

"Con una sola voz toda la tierra
sus cánticos eleve a Dios con alegría"

En las breves pero majestuosas estrofas de lírica divina que integran el Salmo 100, cantamos el poder creador y la bondad del Señor con la misma alegría y regocijo que temor y temblor nos había invadido al adorar su santidad entonando su predecesor, el Salmo 99.

C. H. SPURGEON

Título: Es el único salmo en todo el Salterio que lleva el título de: *"Salmo de alabanza"*[8]. Se supone que este calificativo le vino porque fue originalmente escrito y diseñado

---

del original de Watts por JOHN WESLEY [1703-1791], y que se canta con música de FREDERICK MARC ANTOINE VENUA [1788-1872]: *"Before Jehovah's awful throne, / Ye nations, bow with sacred joy; / Know that the Lord is God alone; / He can create, and He destroy"*.

[6] Se refiere al *"Scotch Psalter"* de 1564, ampliado en 1615, 1635 y 1650.

[7] Se refiere a la famosa versión métrica de los salmos o *Salterio* inglés publicado por NICHOLAS BRADY [1659-1726] y NAHUM TATE o TARE [1652-1715] en 1696 con el título de *"New Version of the Psalms of David"*.

[8] KRAUS titula el salmo como: *"La entrada procesional del pueblo de Dios"*, y dice al respecto: «La finalidad de la entrada procesional –si nos atenemos a lo que se dice en el v1– es realizar una acción de gracias ante Yahvé. Se trata, pues, de un himno procesional para la celebración de un sacrificio de acción de gracias».

para ser cantado cuando se ofrecían *sacrificios de acción de gracias.*[9] Los Griegos[10] opinan que fue escrito por David, que invita con el mismo a todas las naciones de la tierra para que se unan a Israel en rendir culto al Dios cuya divina soberanía se reconoce y proclama en sus estrofas.

SAMUEL BURDER [1773-1837]
"Scripture Expositor: 'A New Commentary, Critical and Practical, on the Holy Bible'", 1809

Versión poética:

JUBILATE DEO OMNIS TERRA:
SERVITE DOMINO IN LAETITIA

Cantad alegres al Señor divino,
vosotros todos, que habitáis la tierra,
servidle con placer, con alegría,
y entrad con alborozo en su presencia.

Y sabed que el Señor es el Dios solo
a quien puede adorar el alma nuestra,
y es el único Dios a quien debemos,
culto y honor, amor y reverencia.

Porque fue quien nos hizo, y no nosotros,
pues sin él nuestro ser la nada fuera,
y solo de su amor y sus bondades
tener pudimos vida y existencia.

---

[9] Levítico 7:12,13,15; 22:29; 2ª Crónicas 29:31; 33:16; Salmo 50:23; 56:12; 107:22; 116:17; Jeremías 17:26; Hebreos 13:15.
[10] Se refiere entre los llamados Padres de la Iglesia a los Padres Griegos, básicamente ATANASIO DE ALEJANDRÍA [296-373], BASILIO DE CESAREA [330-379], GREGORIO NACIANCENO [329-389] y JUAN CRISÓSTOMO [374-407].

Que somos pueblo suyo y su rebaño,
que en sus pastos benévolo sustenta.
Venis, pues, todos a ofrecerle gracias
por beneficios de tan alta esfera.

Venid con fervorosos corazones,
y confiados entraos por sus puertas,
en sus atrios cantadle himnos devotos,
y prometedle gratitud eterna.

Cantad su dulce nombre, que es suave,
publicad su grandeza, que es inmensa,
y que es tan santo y misericordioso
como fiel y veraz en sus promesas.

DEL "SALTERIO POÉTICO ESPAÑOL", SIGLO XVIII

2

Salmo completo: Suponiendo que estemos en lo cierto al afirmar que los salmos que van del 93 al 99 forman una misma serie continuada; un único y grandioso oratorio profético cuyo título es el de: *"Jehová es Rey";* y, que, por tanto, esa misma idea, excelsa y admirable, se refleja en todos y cada uno de ellos, el Salmo 100 debe considerarse como la doxología final, el colofón que cierra la serie.[11] En él hallamos, absolutamente inalteradas, las mismas notas de la misma excelsa y grandiosa melodía. Respira el mismo regocijo y abriga la misma esperanza: que todas las naciones de la tierra se inclinarán ante Jehová y le confesarán como su Dios.

JOHN JAMES STEWART PEROWNE [1823-1904]
"The Book of Psalms: a new translation with introductions and notes, explanatory and critical", 1876

---

[11] SCHÖKEL dice respecto a esta afirmación: «¿Es un himno a la realeza del Señor como los anteriores? En contra está que no se menciona el título o la función real y que el tenor es muy genérico, sin alusiones al trono o al estrado o a la función de gobierno. A favor está el lugar que ocupa como posible séptimo de una serie y por algunos puntos de contacto con los precedentes».

Salmo completo: Así como el invierno oculta debajo de sus gélidas heladas la promesa de la primavera cuando llegue su término; este salmo glorioso abriga en sus estrofas la promesa velada de fe y la esperanza cristiana. Los árboles están listos para brotar, las flores aguardan agazapadas bajo tierra, las nubes vienen cargadas con agua de lluvia, el sol brilla con fuerza; falta tan solo un soplo suave y delicado del viento del sur para que todas las cosas comiencen a cobrar nueva vida.

THOMAS LUMISDEN STRANGE [1756-1841]
"The Speaker's Commentary", 1873[12]

Salmo completo: A Martín Lutero le hubiera bastado con escribir la majestuosa aria armonizada con la que acostumbramos a cantar este salmo[13] para inmortalizar su nombre. Un conjunto de palabras y sonidos tan majestuoso, que cuando al cantarlo nuestra mente se halla verdaderamente dispuesta y en actitud de adoración a Dios, tal parece como si el cielo bajara a la tierra y la tierra subiera hasta el cielo. Un anticipo de las delicias indescriptibles, puras y sublimes, de aquella asamblea magna e inefable

[12] Edición revisada por Frederic Charles Cook y J. Murray en 1871 de *"The Holy Bible, according to the authorized version with an explanatory and critical commentary and a revision of the translation, by bishops and other clergy of the Anglican church"*, 1611, conocida como *"The Speaker's Commentary"*.

[13] La grandiosa armonía gregoriana con la que solía cantarse durante muchos años la versión del Salmo 100 del "Salterio de Ginebra" o *"Genevan Psalter"* de 1539, creado bajo la supervisión de Juan Calvino, durante mucho tiempo fue considerada como obra de Martín Lutero. No obstante, investigaciones más recientes apuntan a que fue una composición musical de GUILLAUME LE FRANC [1505-1570] fundador de la Escuela de Música de Ginebra en 1541.

en la que los santos y los ángeles juntarán un día sus voces para cantar alabanzas a Dios eternamente y para siempre.

Ingram Cobbin [1777-1851]
"Condensed Commentary and Family Exposition of the
Holy Bible", 1837

Salmo completo: Este salmo es un racimo de uvas de Escol.[14] Una cata donde saborear con deleite lo que tierra prometida era y sigue siendo todavía. El pueblo judío alcanzó su máximo esplendor durante el reinado de Salomón, pero he aquí que uno más grande que Salomón está en este lugar.[15] Este salmo anticipa la perfección de la Iglesia del Nuevo Testamento. Y nos enseña lo siguiente:

1. *Que el mundo entero gozará de un estado general de alegría y felicidad* (101:1).
   a. Los convocados: *"todos los habitantes de la tierra"*.
   b. El mensaje: *"Aclamad, vitoread, gritad de júbilo"*.
   c. El convocante: Aquel que garantiza todo lo que ordena.
2. *Que este estado de felicidad general se producirá al poder disfrutar los convocados la presencia del Ser Divino* (101:2).
   a. Los hombres han tratado inútilmente durante mucho tiempo de ser felices sin Dios.
   b. Finalmente descubrirán que su felicidad es Dios. En este aspecto, la conversión de cada persona es un anticipo de la conversión del mundo entero.

---

[14] Se refiere al Valle de Escol, esto es, "de racimo" citado en Números 13:22-24; Deuteronomio 1:24,25; y del que los espías enviados por Moisés trajeron racimos de uvas tan grandes que se necesitaban dos hombres para transportarlos. Se cree que estaba situado al norte de Hebrón, donde hay un valle famoso por sus deliciosas uvas hasta el día de hoy.

[15] Lucas 11:31.

3. *Que este disfrutar de Dios surgirá de un nuevo concepto de relación con él* (101:3).

   a. De un conocimiento de Dios nuevo por nuestra parte: será conocido como el Dios Trino, el Dios del Pacto, el Dios de salvación.

   b. De una justa pretensión por su parte basada en:

      i. Derecho de creación: *"Él nos hizo"*.

      ii. Derecho de redención: *"Yo te redimí (…) mío eres tú"*.[16]

      iii. Derecho de preservación: *"Somos ovejas de su prado"*.

4. *Que esta nueva relación con él hará que amemos sus ordenanzas y el culto en su casa* (101:4)

   a. El culto consistirá en: *"Acción de gracias y alabanza"*.

   b. Se rendirá a *"Él"*: *Entrad por **sus** puertas; **sus** atrios; bendecid **su** nombre*.

   c. Comenzará en la Tierra y continuará en el Cielo.

5. *Que este culto será perpetuo; comienza en la tierra y continuará en el cielo.* (101:5). Un hecho que se fundamenta en:

   a. La condición de su bondad: *"Porque el Señor es bueno"*.

   b. La eternidad de su misericordia: *"Su misericordia es para siempre"*.

   c. La inmutabilidad de su verdad: *"Su verdad por todas las generaciones"*.

C. George Rogers [1798-1891]

---

[16] Isaías 43:1; 1ª Pedro 2:10.

3

Vers. 1. ***Cantad alegres a Dios, habitantes de toda la tierra.*** *[Cantad alegres a Dios, habitantes de toda la tierra. RVR] [Aclamen alegres al Señor, habitantes de toda la tierra. NVI] [Aclamad con júbilo al Señor, toda la tierra. LBLA]*

Cantad alegres a Dios, habitantes de toda la tierra. Repite exactamente las mismas palabras del Salmo 91:4: *"Cantad alegres a Jehová, toda la tierra".* El término original hebreo[17] más que cantar significa lanzar un grito inarticulado de alegría, aclamar, vitorear, como suelen hacer los súbditos leales cuando su rey se hace presente entre ellos.[18]

---

[17] En hebreo הָרִיעוּ *hārî'ū* de רוּעַ *rua,* gritar. La KJV lo traduce como *"Make a joyful noise".* La *Vulgata* la traduce al latín como *"Jubilate Deo, omnis terra".* SCHÖKEL traduce *"Vitorea al Señor, tierra entera".*

[18] Dice AGUSTÍN DE HIPONA [353-429]: «¿Qué significa este *"Jubilate"*? ¡Aclamad! Se trata de una expresión que debemos considerar atentamente, ya que constituye la esencia misma del salmo como bien lo expresa su título: *"Salmo de alabanza".* ¿En qué consiste *"Jubilate Deo"*? En aclamar a Dios con júbilo. En otro salmo encontramos una expresión similar: *"Bienaventurado el pueblo que sabe aclamarte; andará, oh Jehová, a la luz de tu rostro. En tu nombre se alegrará todo el día"* (Salmo 89:15-16).

Puesto que nuestro Dios es en sí mismo la felicidad eterna, debería ser adorado por un pueblo feliz; pues un espíritu alegre se corresponde con su naturaleza, con sus acciones, y con la gratitud que deberíamos albergar en nuestro corazón por sus misericordias. La bondad de Jehová es manifiesta

---

Se trata, pues, de algo importante si el aclamar a Dios nos hace felices y nos alegra todo el día (…) Aclamar es expresar la alegría interior sin palabras. El que aclama no habla, lanza gritos de alegría. El júbilo es la voz con la que un corazón rebosante de alegría exterioriza sus sentimientos con la garganta, pero sin mediar palabra comprensible para quién le escucha. Cuando la persona se ve desbordada por un gozo de tal magnitud que se siente incapaz de explicar o dar a entender con palabras, en lugar de palabras prorrumpe en gritos de alegría. Es la manera de dar salida al gozo interior que le inunda y del que quiere hacer partícipes a otros, pero que se siente incapaz de explicar con palabras (…) Quienes trabajan en las labores del campo, y a veces también otras, expresan su júbilo de diversas maneras: Los que siegan, los que vendimian o recogen frutas de los árboles, cuando les invade el regocijo por la fertilidad de la tierra y la abundancia de la cosecha cantan con alegría; pero entre cántico y cántico, prorrumpen en gritos jubilosos que manifiestan todo el regocijo que no han sido capaces de transmitir con la melodía (…) ¿Cuándo puede decirse pues, que aclamamos al Señor propiamente? Cuando alabamos lo inefable, aquello que sentimos en nuestro interior pero que no somos capaces de explicar con palabras (…) ¡Cantad alegres al Señor! No malgastes tus júbilos en cualquier cosa, pues todo lo que existe, todas las cosas creadas son susceptibles de ser explicadas con palabras; tan solo Dios es inefable y no se puede explicar. Él habló, y todas las cosas fueron creadas; dijo, y nosotros comenzamos a existir (Salmo 33:9); pero nosotros de él no podemos decir nada, pues no lo podemos explicar ni expresar. (…) ¿Qué haremos pues? ¡Aclamarle! Expresar con nuestro júbilo aquello que no podemos expresar con nuestras palabras, recurriendo para ello a su Palabra, la Palabra de Dios. De modo que: ¡Aclamad con júbilo al Señor, toda tierra! (100:1)».

en todos los lugares de la tierra, por tanto, debería ser alabado en todo el orbe. Las naciones de la tierra no alcanzarán jamás esas condiciones óptimas de paz y prosperidad que con tanto afán buscan y anhelan, hasta que de todos sus rincones no se levante una voz unánime de adoración al Dios único y verdadero. ¡Escuchad vosotras, oh naciones, ¿hasta cuándo permaneceréis ciegas en vuestro rechazo? A menos que reverenciéis al Señor juntas y unánimes con todo vuestro corazón, nunca llegará vuestra edad de oro.

C. H. Spurgeon

Vers. 2. *Servid a Jehová con alegría; venid ante su presencia con regocijo. [Servid a Jehová con alegría; venid ante su presencia con regocijo. RVR] [Adoren al Señor con regocijo. preséntense ante él con cánticos de júbilo. NVI] [Servid al Señor con alegría; venid ante Él con cánticos de júbilo. LBLA]*

Servid a Jehová con alegría. "*Rendidle homenaje con gran regocijo*"[19]. Es nuestro Dios y, por tanto, debemos rendirle culto; es nuestro Señor, afable y misericordioso, y debemos servirle con gozo.[20] La invitación a adorar que

---

[19] Spurgeon transcribe aquí la tercera línea del Salmo 100 en versión métrica del "Salterio" de Nicholas Brady [1659-1726] y Nahum Tate [1652-1715] publicado en 1696: *"With one consent let all the Earth, / To God their cheerful voices raise; / Glad homage pay with awful mirth, / And sing before Him songs of praise".*

[20] Dice Teodoreto de Ciro [393-458]: «El reinado de nuestro Señor y Salvador no tiene comparación ni guarda relación con la tiranía despótica y esclavizadora del diablo; más bien su yugo es fácil y ligera su carga (Mateo 11:30)».

hace aquí el salmista no tiene nada de melancólica; no llama a una adoración melancólica, como si de un funeral se tratara, sino que plantea una llamada alegre, gozosa, cual si nos convidara a un festín de boda.[21]

Venid ante su presencia con cánticos de júbilo. Debemos sentir la presencia del Señor en nuestros cultos, y hacer un esfuerzo mental para acercarnos más y más a él. Esto es algo que todo creyente propiamente instruido debe llevar a cabo de corazón, revistiéndolo de la mayor solemnidad, pero sin la presión de un temor servil. Por tanto, debemos acudir ante él, no con gemidos y lamentos, sino con cánticos de júbilo, con himnos y salmos. La acción de cantar, en tanto que implica un ejercicio de piedad y de gozo a la vez, debería servir para aproximarnos a Dios de forma constante. Una expresión de alabanza armoniosa y acompasada, salida del corazón unánime de una congregación de personas piadosas, va mucho más allá de ser una mera forma de manifestación artística: es algo deleitoso, un anticipo de la futura adoración en el cielo, donde la alabanza ocupará el lugar de la oración y se convertirá en la única forma de adoración. Sobre cómo es posible que haya grupos de hermanos que sientan en sus corazones la necesidad de prohibir el canto en los cultos, es un enigma que me declaro incapaz de entender ni resolver. Por lo que a mí respecta, más bien me siento inclinado a exclamar con el Dr. Watts:

> *"Que callen todos los que a Dios*
> *no anhelen conocer;*

---

[21] Aunque el verbo hebreo עִבְדוּ *'ibḏū* de עָבַד *abad,* puede tener aquí un sentido cúltico, SCHÖKEL comenta que «no pierde la resonancia del servicio que el pueblo debe a su soberano».

*mas canten todos a una voz
los hijos del gran Rey".*[22]

C. H. SPURGEON

Servid a Jehová con alegría. La segunda línea de este versículo es prácticamente idéntica a la primera línea del Salmo 2:11; solo que allí, donde se nos habla de rebeldes, de gentes que se amotinan y piensan cosas vanas, habla de servirle *"con temor",* y aquí sustituye el temor por la *"alegría"* o *"regocijo".*

ERNST WILHELM HERRMANN HENGSTENBERG [1802-1869]
"Commentary on the Psalms" 1860

Servid a Jehová con alegría. Cuando *"el óleo de go-zo"*[23] brilla en el rostro de un creyente, es clara señal de que el óleo de la gracia ha sido derramado en el corazón.[24] La alegría da credibilidad a la fe cristiana.[25]

THOMAS WATSON [1620-1686]
"The Art of Divine Contentment", 1653

Servid a Jehová con alegría. Por los siguientes motivos:
1. Porque es el mejor de los seres que existen.
2. Porque sus mandamientos no son difíciles ni dolorosos.

---

[22] Cita la segunda estrofa de un famoso himno de ISAAC WATTS [1674-1748], titulado *"Marching to Zion"* y traducido al español por el mejicano VICENTE MENDOZA [1875-1955] con el título de *"A Sión caminamos".*

[23] Isaías 61:3.

[24] Zacarías 4:12; Mateo 25:4.

[25] Dice al respecto CASIODORO [485-583] al comentar este versículo: «*"Servid al Señor con alegría".* Esta *"alegría"* no es otra cosa que el amor al que se refiere Pablo y del que nos dice que: *"no es jactancioso, no se engríe; no hace nada indecoroso, no busca su propio*

3. Porque es a la vez tu Creador y tu Salvador, tu Amigo y tu Señor.

4. Porque los ángeles, seres mucho más perfectos y elevados que tú, desconocen una razón por la cual no debieran servirle con alegría.

5. Porque sirviéndole a él te sirves a ti mismo.

6. Porque al hacerlo honras la fe que profesas.

7. Por en ello te ejercitas para el cielo.

GEORGE BOWEN [1816-1888]
"Daily Meditations", 1873

Servid al Señor. Servir al Señor en todas las cosas siempre es un privilegio, y debemos considerarlo como tal.[26]

---

interés, no se irrita, no toma en cuenta el mal; no se goza de la injusticia, mas se goza de la verdad. Todo lo excusa, todo lo cree, todo lo espera, todo lo soporta. El amor no caduca jamás" (1ª Corintios 13:4-8). Por tanto, los que sirven al Señor de ese modo *"con alegría"* son los que aman a Dios sobre todas las cosas y a su prójimo como a ellos mismos (Mateo 22:37-39). ¡Qué servicio tan expedito y agradable es este! Está por encima de todo concepto de esclavitud y dominio. Quienes sirven de ese modo disfrutan de un gozo que no es comparable a la gloria de ningún reinado. Ved en la frase siguiente la recompensa implícita a semejante forma de servicio, y que nos es otorgada ya en este mundo: *"Venid ante su presencia con regocijo"*. Se nos invita a presentarnos ante la presencia del supremo Juez, donde sin duda deberíamos acudir compungidos y con humildad porque abomina el orgullo y la soberbia, *"con regocijo"*. ¿Por qué? Porque *"servirle con alegría"* nos faculta para ello. ¿Puede haber algo mejor y más glorioso?». Al respecto, un antiguo pero bien conocido lema dice con razón que: *"Servir a Dios es reinar"*.

[26] Dice AGUSTÍN DE HIPONA [353-429] sobre ello: «Toda servidumbre es amarga. Y aquellos que se ven forzados a la condición de esclavos y siervos, se quejan y lamentan de ello constantemente. Pero servir a este Señor es algo muy distinto; entre los que le sirven

Podemos agradar al Señor incluso desatando la correa de un zapato[27] y disfrutar a la vez de la expresión de su favor. La única limitación es que el siervo del Señor no puede servirle simultáneamente a él y a otro amo; no ha sido contratado a tiempo parcial para realizar trabajos temporales: permanece al servicio a su Dios a tiempo completo y no puede ocuparse en otra cosa que en los negocios de su Maestro.[28] Todo cuanto hace: comer, beber, dormir, caminar, hablar, disfrutar, lo hace siempre con el propósito de servir a Dios.

Con alegría. ¿Aceptarías los servicios de un criado que te sirviera siempre abatido y lamentándose constantemente? ¿Acaso no es preferible vivir sin sirvientes que vernos obligados a tener que soportar a uno que encuentre molesto el servirnos?

GEORGE BOWEN [1816-1888]
"Daily Meditations", 1873

---

no hay gemidos ni lamentos, porque han sido ya rescatados. ¡Qué suerte tan grande ser esclavos en esta gran casa, aunque sea sujetos con grilletes! (Filipenses 1:13; 2ª Timoteo 2:19) ¡No sientas ningún temor siervo cautivo y aclama al Señor! Y busca la razón de tus cadenas más bien a tus propios pecados. Aclama a Dios con tus grilletes y verás que pronto se transforman en ornamentos. Pues no en vano dice en otro pasaje: *"Llegue a tu presencia el gemido del cautivo"* (Salmo 79:11). Al lado del Señor la esclavitud es libertad, porque el que le sirve, no le sirve por obligación o necesidad, sino por amor (1ª Corintios 9:16; 2ª Corintios 9:7). Pues, como dice el Apóstol: *"Vosotros, hermanos, a libertad fuisteis llamados; solamente que no uséis la libertad como pretexto para la carne, sino servíos por medio del amor los unos a los otros"* (Gálatas 5:13). ¡Que el amor nos haga siervos puesto que la verdad nos hizo libres! (...) Soportad todas las cosas con amor y alegraos en la esperanza. *"Servid al Señor con alegría",* no con la amargura de la murmuración, sino con el regocijo que proporciona el amor».

[27] Lucas 3:16.
[28] Lucas 2:49.

Vers. 3. *Reconoced que Jehová es Dios; él nos hizo, y no nosotros a nosotros mismos; pueblo suyo somos, y ovejas de su prado.* *[Reconoced que Jehová es Dios; él nos hizo, y no nosotros a nosotros mismos; pueblo suyo somos, y ovejas de su prado. RVR] [Reconozcan que el Señor es Dios; él nos hizo, y somos suyos. Somos su pueblo, ovejas de su prado. NVI] [Sabed que Él, el Señor, es Dios; él nos hizo, y no nosotros a nosotros mismos; pueblo suyo somos y ovejas de su prado. LBLA]*

Sabed[29] *que Él, el Señor, es Dios.* Nuestro culto debe ser un culto racional, inteligente.[30] Debemos saber a quién adoramos y por qué.[31] «Conócete a ti mismo» dice un sabio y antiguo aforismo;[32] pero conocer a nuestro Dios es una sabiduría muy superior y mucho más certera, puesto

---

[29] SCHÖKEL señala que el uso del imperativo, como en este caso: דְּעוּ *dəʿū* de יָדַע *yada,* "sabed" es raro y poco frecuente en el Salterio: «encontramos otros dos casos en tono de amonestación (Salmo 4:4 y 46:10). Esto encarece la importancia de la oración completiva, que enuncia la doctrina central».

[30] Romanos 12:1.

[31] De niño escuchaba con mucha frecuencia de labios de mi padre, Samuel Vila, fundador de CLIE e insigne apologista cristiano, la frase *"una fe inteligente hace una fe firme".* Este imperativo *"Sabed"* o *"Conoced"* seguido de la frase *"él nos hizo, y no nosotros a nosotros mismos"* es un claro incentivo al desarrollo de la apologética cristiana [Nota del Traductor].

[32] Se dice que las palabras griegas γνωθι σεαυτόν, *gnóthi seautón* (en latín *"nosce te ipsum"* y en español "conócete a ti mismo"), se hallaban inscritas en el *frontis* o *pronao* del templo de Apolo en Delfos. Se desconoce con exactitud su autor, y se han atribuido indistintamente a diversos sabios y filósofos griegos Sócrates, Pitágoras, Heráclito, Quilón de Esparta, Tales de Mileto y Solón de Atenas.

que es muy improbable que una criatura humana alcance a conocerse a sí misma sin antes conocer a su Dios. Jehová es Dios en el sentido más pleno, absoluto, y exclusivo. Solo él es Dios. Conocerle, por tanto, en este sentido absoluto, y demostrar ese conocimiento a través de nuestra obediencia, confianza, sumisión, celo y amor, es un privilegio que tan solo la gracia divina puede conceder. Únicamente aquellos que reconocen su Divinidad están capacitados para ofrecerle una alabanza aceptable.

Él nos hizo, y no nosotros a nosotros mismos.[33] ¿Acaso la criatura no va a reverenciar a su Hacedor? Muchos hay que viven como si se hubieran creado a sí mismos. Y algunos llegan a la osadía de decirlo abiertamente; afirman haberse forjado, formado y llegado hasta donde están mediante su propio esfuerzo, describiéndose ellos mismos como "hechos a sí mismos";[34] y en consecuencia, se adoran a sí mismos cual si ellos mismos fueran su propio creador. Los cristianos reconocemos el verdadero origen de nuestra existencia, de nuestro ser y nuestro

---

[33] En hebreo: הוּא־עָשָׂנוּ [וְלֹא כ] (וְלוֹ ק) אֲנַחְנוּ עַמּוֹ וְצֹאן מַרְעִיתוֹ: *hū-'āśānū [wəlō k] (wəlōw q) 'ănaḥnū 'ammōw wəṣōn marʿ'î-tōw.* ¿A qué se refiere exactamente el salmista al exclamar: "*él nos hizo y no nosotros a nosotros mismos*", a la creación física del hombre según en relato de Génesis o a la formación de Israel como pueblo y nación? Algunos comentaristas, basándose en la frase siguiente "*pueblo suyo somos, ovejas de su prado*" consideran que se refiere más bien a Israel como pueblo, y apoyan esta tesis en textos como Génesis 12:2; Deuteronomio 32:6; Isaías 27:11; 44:2; Oseas 8:14. Pero hay también muchos otros textos que hablan del Señor como nuestro Hacedor en sentido personal apoyando la tesis opuesta: Job 31:15; Isaías 17:7; 29:16; Hechos 17:26. Nuestra opinión es que se refiere probablemente a ambas cosas: nos ha hecho como Creador y nos ha hecho pueblo suyo al elegirnos para tal fin.

[34] La expresión original es: "*self-made man*".

bienestar, y jamás nos gloriamos ni del hecho de ser, ni de lo que somos. Tampoco sobre nuestro nacimiento físico o nuestro nuevo nacimiento espiritual, nos atrevemos a levantar un solo dedo osando atribuirnos la gloria, porque sabemos que corresponde única y exclusivamente al Todopoderoso. Renunciar a todo honor en favor de nosotros mismos y atribuir toda la gloria al Señor, es esencial en la verdadera reverencia. El *"Non nobis domine"*[35] ha de ser una confesión constante en labios de todo creyente verdadero. Últimamente la filosofía y la ciencia se esfuerzan en demostrar que todas las cosas proceden de los átomos, dicho en otras palabras, que han surgido por sí mismas. Suponiendo que tal teoría encuentre algún día seguidores, estos carecerán del derecho a tachar de ingenuos a los supersticiosos, ya que la dosis de credulidad necesaria para aceptar este dogma de escepticismo es mil veces mayor a la que se necesita para creer en imágenes de Vírgenes que lloran y pestañean, o figuras del Niño Jesús que sonríen.

---

[35] Son palabras del Salmo 115:1 (113:9 en la *Vulgata*): *"Non nobis, non nobis, Domine, sed nomini tuo da gloriam"*, "No a nosotros, Señor, no a nosotros, sino a tu nombre da gloria". Se dice que en la Edad Media fueron adoptadas como lema de los Caballeros Templarios por BERNARDO DE CLARAVAL [1091-1153], a modo de síntesis del ideal y propósito de su existencia: la práctica de la humildad personal y el dar toda la gloria a Dios. En 1520 ya existía una versión musical en forma de canon, y desde entonces han sido objeto de multitud de versiones en la inspiración grandes músicos como Pergolesi, Palestrina, Mozart o Beethoven. Una de las más recientes es la del compositor escocés Patrick Doyle, compuesta en 1989 para la película de Kenneth Branagh *"Henry V"*, "Enrique V", basada en la obra de William Shakespeare del mismo nombre. Shakespeare presenta en su trama novelada al rey inglés ordenando cantar el *Non nobis* y el *Te Deum* después de su victoria sobre los franceses en Agincourt en 1415.

Personalmente, me resulta mucho más fácil creer que fue el Señor quien nos hizo que especular en que somos resultado de una larga cadena evolutiva de selección natural a partir de átomos flotantes que se modelaron a sí mismos.

Pueblo suyo somos, y ovejas de su prado. Es un honor para nosotros haber sido elegidos de entre todo el mundo para ser *su* pueblo, y un privilegio adicional ser, como consecuencia, guiados por su sabiduría, atendidos bajo su cuidado y alimentados en su generosidad. Así como las ovejas se juntan alrededor de su pastor y levantan hacia él su mirada suplicante, juntémonos también nosotros alrededor del Pastor supremo de la humanidad. Nuestro reconocimiento y público testimonio de la relación que mantenemos con Dios, en sí mismo es alabanza; cuando enumeramos sus bondades, le estamos tributando la mejor adoración. Nuestros cánticos no precisan recurrir a fantasías o invenciones, solo los hechos son más que suficientes; la mera narración de las misericordias del Señor es más asombrosa que cualquier producto de la imaginación. Que somos ovejas de su prado es una verdad simple y escueta, sin más; pero es, al mismo tiempo, la esencia misma de la poesía.

C. H. Spurgeon

Sabed que Él, el Señor, es Dios; él nos hizo, y no nosotros a nosotros mismos. De las razones que expone el salmista para fundamentar su exhortación: saber y reconocer que el Señor es nuestro Dios, se desprende la magnitud de nuestro ateísmo natural. Tenemos la necesidad de que se nos recuerde constantemente que el Señor es Dios y de ser instruidos en la realidad de que por él y a través de él todas las cosas existen y subsisten.[36]

DAVID DICKSON [1583-1663]

"A Brief Explication of the Psalms from L to C", 1655

Él nos hizo, y no nosotros a nosotros mismos; pueblo suyo somos. Los fundamentos de derecho para afirmar que todas las cosas pertenecen a Dios parten de la realidad que él es su Creador. Y es fácil constatar cómo este mismo sentido de la propiedad de Dios sobre todas las cosas se hace evidente en muchos pasajes de la Escritura. Uno de los ejemplos más claros es el Salmo 89, donde se expresa con toda claridad su dominio absoluto sobre cielos y tierra, el mundo y todo lo que hay en él.[37] ¿Por qué?: *"Tú los fundaste; el norte y el sur, el Tabor y el Hermón (…) tú los creaste"*. Lo mismo se afirma con respecto al mar y la tierra.[38] También es Señor del tiempo y de todas las cosas que el tiempo mide: *"Tuyo es el día, tuya también es la noche; tú estableciste la luna y el sol, tú fijaste todos los términos de la tierra; el verano y el invierno tú los formaste"*[39]. Y todo ello se hace más evidente e incuestionable todavía si analizamos los siguientes aspectos:

---

[36] KRAUS dice al respecto: «A la comunidad reunida para el culto se la exhorta a conocer el misterio del pacto. Encontramos en primer lugar una expresión específicamente deuteronómica del contenido de ese conocimiento: כִּי יְהוָה הוּא הָאֱלֹהִים *"que Yahvé es Dios"* (Deuteronomio 4:35,39), una expresión que tiene sus raíces en las antiguas confesiones de fe en la realidad del pacto (Josué 24:17; 1ª Reyes 18:39)».

[37] Salmo 89:8-12.

[38] Salmo 95:5.

[39] Salmo 74:16-17. Sobre la soberanía de Dios como Creador de todas las cosas AGUSTÍN DE HIPONA [353-429] tiene en sus

1. *Hizo todas las cosas por sí mismo y para sí mismo.* No actuaba por delegación de otro ni las hizo para otro, pues en tales casos el hacedor o constructor suele no ser el verdadero propietario. Pero el Señor hizo él mismo todas las cosas por voluntad propia, terminando su obra para sí mismo.[40]

2. *Hizo todas las cosas de la nada.* Esto es, a partir de aquello que no existía, o de aquello que él mismo había creado previamente. Cuando un alfarero moldea un bello jarrón de barro, si el barro con el cual lo moldea no es suyo, no puede afirmar con propiedad ser dueño absoluto del jarrón, por mucho que

---

Confesiones un bellísimo pasaje que creemos conveniente citar: «Pero entonces ¿quién es mi Dios? Pregunté a la tierra y me dijo: *"No soy yo";* y todas las cosas que en ella hay me respondieron lo mismo. Pregunté al mar, a los abismos insondables y a todo lo que en ellos se mueve, y me dijeron: *"No, no somos tu Dios; búscale más arriba, por encima de nosotros".* Interrogué a los vientos, a las brisas que soplan; al aire que respiramos y a todo lo que en él subsiste, y me respondió: *"Anaxímenes está en un error; no soy tu Dios".* Inquirí del cielo, del sol, de la luna y las estrellas, y me dijeron: *"Tampoco somos nosotras el Dios que andas buscando".* Me dirigí entonces a todas las cosas que hay fuera de mí, a todo lo que soy capaz de captar con mis sentidos y les dije: *"Puesto que no sois vosotras mi Dios, cuanto menos, decidme algo de él".* Y exclamaron todas al unísono y con voz clara y audible: *"Él nos hizo"* (Salmo 100:3). Les pregunté con la mirada, y ellas me respondieron con la belleza de su apariencia». ANAXÍMENES DE MILETO [590-524 a.C.] era un filósofo griego que afirmaba que el aire es el elemento perfecto que sostiene y da vida a todas las demás cosas estando en consecuencia por encima de todas ellas. Las *"Confesiones"* y otras obras de Agustín de Hipona, han sido traducidas y publicadas en español por CLIE en la serie *"Grandes Autores de la Fe Cristiana".*

[40] Proverbios 16:4; Colosenses 1:15-16.

lo haya moldeado. El diseño es suyo, pero el barro pertenece a otro. El Señor nos ha hecho de la nada, o partiendo de materia que él mismo había creado previamente, de modo que todo le pertenece: materia y forma.

3. *Lo hizo todo él mismo, sin la participación o concurrencia de otro.* En la obra de la creación no había nadie que le ayudara o cooperara con él (...) Quienes colaboran con otro en la creación o fabricación de una cosa están en su derecho de reclamar una parte de la misma, pues les pertenece. Pero en este caso no hay posibilidad de reclamación, ya que el Señor lo hizo todo él mismo.

4. *Sostiene todas las cosas en la misma forma como las creó.* Continúa manteniendo el ser y la existencia de todo lo creado de la misma manera en que se lo concedió. Y lo hace por sí mismo, sin la ayuda de asistente alguno. Todas las cosas que existen en un instante dejarían de ser y se convertirían en nada, si Dios dejara de sostenerlas. Esto significa que todas las cosas siguen dependiendo de él y son deudoras con él de su existencia y conservación, por tanto, le pertenecen.

DAVID CLARKSON [1622-1686]

Él nos hizo. Hallándose el emperador Enrique[41] cazando en los bosques de Sajonia en el día del Señor llamado

[41] Se refiere a ENRIQUE II [973-1024], también conocido como ENRIQUE II "DE ALEMANIA", rey germánico y emperador del Sacro Imperio Romano Germánico.

Quinquagesima,[42] y hallándose sus compañeros esparcidos, llegó en solitario a la entrada de cierto bosque. Viendo una iglesia cercana se dirigió hacia ella, y fingiendo ser un soldado, requirió al sacerdote que le hiciera una misa. Este, a pesar de que era un hombre de destacada piedad, era físicamente tan deforme que parecía un monstruo más que un ser humano. Y el emperador, después de observarle con atención, comenzó a reflexionar profundamente y a preguntarse cómo era posible que Dios, de quien procede toda la belleza, permitiera que un hombre tan deforme administrara sus sacramentos. Pero de pronto, mientras se celebraba la misa, y mientras leían el salmo cien, al llegar al texto que dice *"Reconoced que el Señor es Dios"*, el muchacho que lo cantaba se equivocó, por lo que el sacerdote le corrigió en voz alta diciéndole: *"¡No! ¡Es él quién nos hizo, no nosotros a nosotros mismos!"*. Impresionado por estas palabras, y convencido de que el sacerdote era un profeta, el emperador le designó arzobispo de Colonia,[43] cargo que dignificó con su devoción y excelentes virtudes.

ROGER OF WENDOVER [¿?-1236]
"Flowers of History", 1237

Él nos hizo, y no nosotros a nosotros mismos; pueblo suyo somos, y ovejas de su prado. Muchos son los que han encontrado en estas palabras un bálsamo de consolación;

---

[42] Nombre que en la liturgia católica romana se da al domingo anterior al Viernes de Ceniza. El nombre viene del latín *"quinquagesimus"*, "cincuenta", en referencia a cincuenta días antes de la Pascua.
[43] Se refiere probablemente a PILGRIM, arzobispo de Colonia del 1024 al 1036.

como, por ejemplo, Melanchthon[44] cuando se hallaba desconsolado y afligido ante el cuerpo inerte de su hijo en Dresden, el 12 de julio de 1559. En estas palabras, *"Él nos hizo (…) y nosotros suyos",* hay una mina rica y valiosa de consuelo y amonestación; porque el Creador es nuestro Dueño, y como tal, su corazón se une y solidariza con el de la criatura que ha creado; y por su parte, la criatura toma conciencia de que todo lo debe enteramente a él,[45] que sin él no existiría, no habría recibido el ser y no seguiría viviendo.

FRANZ JULIUS DELITZSCH [1813-1890]
"Biblical commentary on the Psalms", 1859

Él nos hizo. Es decir, hizo lo que somos en realidad, un pueblo para sí mismo, como leemos en otros pasajes.[46] No somos nosotros quienes decidimos hacernos suyos. *Él* (y no nosotros mismos) *nos hizo su pueblo, y el rebaño que él alimenta"*[47].

ANDREW A. BONAR [1810-1892]
"Christ and His Church in the Book of Psalms", 1859

---

[44] Se refiere a PHILIPP MELANCHTON [1497-1560], el amigo y más próximo colaborador de Martín Lutero en Wittemberg a partir de 1518, y uno de los principales protagonistas de la Reforma en Alemania. Colaboró con Lutero en la traducción de la Biblia y le sucedió en el liderazgo después de su muerte.

[45] No como Faraón, que creía que el Nilo era suyo (Ezequiel 29:3).

[46] Deuteronomio 32:6; 1ª Samuel 12:6; Salmo 95:5.

[47] KRAUS nos recuerda la afirmación de MARTÍN LUTERO [1483-1546] de que: «El pueblo de Dios es *creatura Dei* (Lutero). No puede comprender su propia existencia sino a partir de un acto de creación y elección por parte de Yahvé. Y únicamente a base de ese acontecimiento comprenderá cuál es su destino. La alabanza y la adoración se fundamentan en este principio».

Y no nosotros. Esta coletilla: *"y no nosotros"* se añade para dejar claro que cualquier concepto de posible participación por parte de la Iglesia en el otorgamiento de la obra salvación, debilitaría el testimonio que el resto del versículo transmite acerca de la soberanía y divinidad exclusiva del Señor.

Ernst Wilhelm Herrmann Hengstenberg [1802-1869]
"Commentary on the Psalms", 1860

Vers. 3-5. Reconozcamos lo que es Dios en sí mismo y lo que es para con nosotros. El conocimiento es la madre de la devoción y de la obediencia; los sacrificios a ciegas no son agradables ante los ojos de Dios. *"Reconoced"*, esto es, considerad y aplicad; y ello hará que permanezcáis más cerca de él y de manera más constante, que le rindáis culto con mayor regularidad y de forma más intensa y profunda. Aprendamos, por tanto, estas siete cosas respecto al Señor Jehová, a quien adoramos en todos nuestros actos de culto.

1. *Que el Señor es Dios.* El único Dios vivo y verdadero; un ser infinitamente perfecto, que existe por sí mismo, autosuficiente, y la fuente de toda existencia.

2. *Que él nos hizo*, y no nosotros a nosotros mismos. Es nuestro Creador. Nosotros no podíamos habernos hecho a nosotros mismos. Ser la única causa de uno mismo es una prerrogativa exclusiva de Dios; nuestra existencia es derivada y dependiente.

3. *Que le pertenecemos.* Él es nuestro Dueño y justo propietario. Los masoretas, alterando una letra en el texto hebreo de este versículo, leen: *"Él nos hizo, y*

somos suyos", o *"a él pertenecemos"*[48]. Pongamos ambas lecturas juntas, y de ellas aprendemos que puesto que Dios nos hizo, *"y no nosotros a nosotros mismos"*, en consecuencia somos suyos, no nuestros, sino suyos.

4. *Que él es soberano y rige como tal.* Nosotros somos *su pueblo,* o súbditos suyos, y él es nuestro príncipe, nuestro regidor o gobernador, que establece leyes a las cuales estamos sujetos como entes morales, y que nos pedirá cuentas de lo que hacemos.

5. *Que él es nuestro bondadoso Benefactor.* No solamente somos sus ovejas porque le pertenecemos, sino que somos ovejas especiales, *las ovejas de su prado,* a las cuales cuida con esmero.

6. *Que es un Dios de infinita misericordia y bondad:* *"Acordaos de las maravillas que él ha hecho, de sus prodigios y de los juicios de su boca"*[49] El Señor es bueno y, por tanto, obra bondadosamente; *"su misericordia es para siempre"*.

7. *Que su verdad y fidelidad son inmutables.* *"Su verdad es por todas las generaciones"*. Y ni una sola de sus palabras caerá al suelo por anticuada o abolida.

MATTHEW HENRY [1662-1714]
"Commentary on the Whole Bible", 1811

---

[48] FRANCISCO LACUEVA [1911-2005] en sus notas al "Comentario de Matthew Henry" lo explica del siguiente modo: «Los masoretas escribieron en hebreo con א *alef,* lo que significa *"no"*, pero los judíos lo leen con ו *vau,* lo que significa *"a Él"* (pertenecemos), con lo que la frase significa (y así lo traducen las versiones judías): *"Él nos hizo, y suyos somos"*». Al unir las dos versiones, tenemos el sentido completo: *"Puesto que Él nos hizo, y no nosotros a nosotros mismos, no somos nuestros sino de Él"* (1ª Corintios 6:19)».
[49] Salmo 105:5.

Vers. 4. *Entrad por sus puertas con acción de gracias, por sus atrios con alabanza; alabadle, bendecid su nombre.* [Entrad por sus puertas con acción de gracias, por sus atrios con alabanza; alabadle, bendecid su nombre. RVR] [Entren por sus puertas con acción de gracias; vengan a sus atrios con himnos de alabanza; denle gracias, alaben su nombre. NVI] [Entrad por sus puertas con acción de gracias, y a sus atrios con alabanza. Dadle gracias, bendecid su nombre. LBLA]

Entrad por sus puertas con acción de gracias. Es muy probable que este salmo deba el título que lo encabeza, *"Salmo de alabanza"*, a la presencia e incidencia en este versículo cuatro de la palabra hebrea: בְּתוֹדָה *bəṯōwḏāh, "acción de gracias"*. La acción de gracias es algo que debe abundar en el culto cristiano, cual el humo del incienso que llenaba todo el templo.[50] Los sacrificios expiatorios han sido abolidos,[51] pero los de gratitud nunca quedarán fuera de lugar. Somos receptores de misericordia y debemos ser dadores de gratitud. La misericordia es lo que nos permite entrar por sus puertas; hagámoslo pues *"con reconocimiento"*, alabemos y demos gracias por esa misericordia. ¿En qué mejor tema podemos centrar nuestros pensamientos cuando estamos en la casa de Dios, que en el Señor de la casa?

Por sus atrios con alabanza. Sea cual sea el atrio del Señor en el que vayamos a entrar, que el mero hecho de ser admitidos a él sea también motivo de alabanza: Gracias sean dadas a Dios de que el atrio interior o lugar santo haya quedado abierto a los creyentes y podamos penetrar en él más allá del velo; por tanto, es propio que reconozcamos con nuestros cánticos este alto privilegio.

---

[50] Isaías 6:4; Apocalipsis 15:8.
[51] Hebreos 7:26-27; 10:1-25.

Alabadle. Que la alabanza no esté únicamente en vuestras lenguas, sino también en vuestros corazones, y que sea toda dedicada a Aquel a quien todas las cosas pertenecen.

Bendecid su nombre. Él fue quien nos bendijo primero, ahora nos corresponde bendecirle nosotros a él. Bendigamos su nombre, bendigamos su carácter, bendigamos su persona. Sea lo que sea que haga, cerciorémonos de bendecirle por ello: bendigámosle cuando nos priva de algo tanto como cuando nos lo da. Bendigámosle a lo largo de toda nuestra vida y bajo cualquier circunstancia. Bendigámosle en todos y cada uno sus atributos, bendigámosle en todas las cosas, sea cual sea la perspectiva desde la cual lo miremos y el punto de vista desde donde lo consideremos.

C. H. SPURGEON

Entrad por sus puertas. Porque las puertas de su Iglesia están abiertas incluso al más culpable y empedernido de los pecadores.

FRANCIS HILL TUCKER

Con acción de gracias. Con respecto al término hebreo בְּתוֹדָה *bǝṯōwḏāh,* que se utiliza también en Levítico 7:2 y que se refiere a los sacrificios de alabanza, el Rabí Menachen[52] puntualiza: «*Todos los sacrificios serán abolidos, excepto los sacrificios de alabanza, que permanecerán*».[53]

GEORGE PHILLIPS [1593-1644]
*"The Psalms in Hebrew with a Critical, Exegetical
and Philological Commentary",* 1846

---

[52] Se refiere al rabí MENAHEM AZARIAH DA FANO [1548-1620], también conocido como IMMANUEL DA FANO, talmudista italiano discípulo del famoso rabí MOSES BEN JACOB CORDOVERO [1522-1570].

[53] Dice AGUSTÍN DE HIPONA [353-429]: «Mientras te acercas a sus puertas y entras por ellas confiésalo con tu gratitud; y en cuanto las hayas traspasado y estés en sus atrios, confiésalo con tu alabanza;

Entrad por sus puertas con acción de gracias, por sus atrios con alabanza; alabadle, bendecid su nombre. Probablemente la parte del salmo anterior a este versículo era cantada por el solista o antifonero mientras la ofrenda de paz era llevada al altar; y este versículo era la contestación o respuesta entonada por todo el conjunto de cantores en el momento en que el fuego abrasaba la ofrenda.

DANIEL CRESSWELL [1776-1844]
"The Psalms of David according to the Book of Common Prayer: with Critical and Explanatory Notes", 1843

Vers. 5. ***Porque Jehová es bueno; para siempre es su misericordia, y su verdad por todas las generaciones.***
[Porque Jehová es bueno; para siempre es su misericordia, y su verdad por todas las generaciones. RVR] [Porque el Señor es bueno y su gran amor es eterno; su fidelidad permanece para siempre. NVI] [Porque el Señor es bueno; para siempre es su misericordia, y su fidelidad por todas las generaciones. LBLA]

Porque el Señor es bueno. Esta frase resume en una sola palabra el carácter divino y encierra un amplio conjunto de razones para la alabanza: porque él es bueno, esto es, misericordioso, bondadoso, generoso, amoroso. Sí, Dios es amor.[54] Quien no alaba la bondad de otro es porque él mismo no es bondadoso. El Salmo 100 nos insta a rendir este tipo de alabanza: Una alabanza de gozo y alegría porque se fundamenta en la bondad divina.

---

al entrar desaprueba tus obras y, en cuanto hayas entrado, alaba las obras del Señor».
[54] 1ª Juan 4:8.

Su misericordia es para siempre. Dios no es mera justicia fría y severa; sus entrañas son compasivas y no quiere la muerte del pecador.[55] Una misericordia que se hace más visible aún a su propio pueblo, que ha disfrutado de ella desde la eternidad y será suya hasta la eternidad. La misericordia eterna es un tema glorioso digno de un himno sacro.

Y su verdad por todas las generaciones. Dios no es un ser caprichoso y voluble que promete y luego se olvida de sus promesas. Ha establecido un pacto con su pueblo y no lo revocará jamás ni alterará una sola palabra que haya salido de su boca. Tan fiel como lo encontraron nuestros padres, así lo encontrarán nuestros hijos y su simiente para siempre.[56] Un Dios voluble sería horrible para los justos, pues no tendrían ancla segura a la que aferrarse, irían navegando a la deriva en un mundo inestable, empujados de un lado a otro y sumidos en un constante temor al naufragio. Si algunos teólogos se involucraran más en exponer la certeza de la fidelidad divina, con mayor dedicación y de forma más plena de lo que lo normalmente lo hacen, las cosas serían muy distintas; ya que ello bastaría para echar por tierra todas sus otras teorías sobre la posible caída final del creyente, y les llevaría a predicar un sistema de fe más consolador. Nuestro corazón y nuestros labios rebosan de gozo al inclinarnos ante Aquel que jamás ha quebrantado su palabra ni alterado sus propósitos:

*"Antes dejaría de ser lo que es
que romper u olvidarse de sus promesas".*[57]

---

[55] Ezequiel 18:23.
[56] Génesis 13:15,16; Miqueas 7:20.
[57] Spurgeon cita aquí las dos últimas líneas de la tercera estrofa de un himno de ISAAC WATTS [1674-1748] sobre la eternidad de Dios, titulado *"Faithfulness of God"* y que comienza con: *"Ye humble*

Apoyados, pues, en la certeza y seguridad de su palabra, sentimos cómo el gozo que proclama este salmo invade todo nuestro ser y, fortalecidos por él, acudimos de inmediato ante su presencia con regocijo y bendecimos su nombre.

C. H. Spurgeon

Para siempre es su misericordia. La misericordia de Dios, eterna e inmutable, es la razón primordial que hace que nos volvamos hacia él y permanezcamos en su Pacto; y será motivo de alabanza constante por toda la eternidad. Y como el Señor es bueno y su misericordia es para siempre, la perfección de estos atributos divinos exige y exigirá alabanza perpetua de parte de los corazones humanos que en alguna ocasión han desfallecido.

William Wilson [1783-1873]
"The Book of Psalms, with an Exposition Evangelical, Typical, and Prophetical of the Christian Dispensation", 1860

souls, proclaim abroad". La tercera estrofa dice: *"He will not his great safe deny, / A God of truth can never lie; / As well might he his being quit /As break his oath, or word forget"*.

SALMO 117

El salmo más corto

1

———⚇———

Título y tema: Este salmo, aunque pequeño en extensión, es gigantesco en espíritu. Desborda fronteras y traspasa todos los límites de raza, pueblo o nación, pregonando un llamamiento global a todos los seres humanos para que alaben el nombre del Señor. Probablemente se utilizaba como himno breve adaptable a todo tipo de ocasiones litúrgicas, en especial cuando el tiempo disponible para la adoración era limitado; lo que nos hace pensar que se cantaba con bastante frecuencia.[1] También es posible que se cantara al comienzo o al final de otros salmos, tal y como nosotros utilizamos hoy en día las doxologías, puesto que sirve tanto como cántico de apertura de un servicio

---

[1] Sobre la brevedad de este salmo dice MATTHEW HENRY [1662-1714]: «Dudo si la razón por la que lo cantamos con tanta frecuencia es por su brevedad; pero, si lo comprendiésemos y considerásemos rectamente, lo cantaríamos con mayor frecuencia por su dulzura». Y MARTÍN LUTERO [1483-1546]: «Es un salmo breve y fácil, creado indudablemente para que todos le prestaran atención y recordaran más fácilmente lo que en él se dice. Nadie podrá quejarse de su longitud o de su densidad, y mucho menos de la agudeza o profundidad de sus palabras. En este salmo encontramos únicamente palabras breves, precisas, claras y ordenadas que todo el mundo es capaz de comprender para que les presten atención y reflexionen sobre ellas».

de adoración como para su conclusión. Su contenido es corto pero dulce. El mismo espíritu divino que se explaya y extiende a sus anchas a lo largo del Salmo 119 condensa aquí sus pensamientos en dos cortos versículos. Y sin embargo, resulta fácil percibir en ellos la misma plenitud infinita. Es interesante señalar, además, que este salmo es el capítulo más corto de las Escrituras y que constituye la porción central de toda la Biblia.

C. H. SPURGEON

Versión poética:

LAUDATE DOMINUM OMNES GENTES

Alabad al Señor naciones todas,
alabad al Señor todos los pueblos,
que su misericordia soberana
con su extensión abrasa el universo.

Alabadle porque ahora se confirma
cuando nos da los mismos privilegios,
y veis que la verdad de sus promesas
es tan eterna como el Dios eterno.

DEL "SALTERIO POÉTICO ESPAÑOL", SIGLO XVIII

2

Salmo completo: Un salmo muy corto a juzgar por el número de palabras, pero excelente y de gran alcance si consideramos atentamente su contenido. En él descubrimos cinco puntos fundamentales de doctrina:

1. En primer lugar, su llamamiento a los gentiles a ser parte del pueblo de Dios, del cual el Apóstol Pablo es el intérprete: *"Y otra vez: Alabad al Señor todos los gentiles, y magnificadle todos los pueblos"*[2]. Pues no tendría ningún sentido que el salmista-profeta invitara a los gentiles a alabar al Señor, a menos que entendiera que en un futuro habrían de reunirse en la unidad de la fe junto con los hijos de Abraham.[3]

---

[2] Romanos 15:11.

[3] Dice al respecto FRANCISCO LACUEVA [1911-2005] en su versión al "Comentario de Matthew Henry": «Hay gran cantidad de Evangelio en este salmo. El apóstol (Romanos 15:11) nos ha provisto de una clave para entenderlo, al citarlo como prueba de que el Evangelio había de ser predicado a los gentiles, mientras era piedra de tropiezo para los judíos. No había motivo de tal escándalo, cuando ellos mismos habían cantado tantas veces (v. 1): «Alabad a Jehová, naciones todas; loadle (es un verbo distinto en el original), todos los pueblos». Algunos escritores judíos confiesan que este salmo se refiere al reino del Mesías; uno de ellos, en su fantasía, llega a afirmar que consiste de dos versículos porque, en los días del Mesías,

2. En segundo lugar, un resumen de todo Evangelio.[4] Es decir, la manifestación de la gracia y la verdad, de la cual el propio Espíritu Santo es el intérprete: *"Pues la ley por medio de Moisés fue dada, pero la gracia y la verdad vinieron por medio de Jesucristo".*[5]

3. En tercer lugar, el propósito de tan grande bendición. Básicamente, la adoración a Dios en espíritu y en verdad, Puesto que, como ahora sabemos, el Reino del Mesías es un reino espiritual.[6]

4. En cuarto lugar, la función de los súbditos del gran Rey: alabar y glorificar a Jehová.

5. Y por último, el privilegio que corresponde a estos súbditos: que ha venido a ser el mismo tanto para judíos como para los gentiles, puesto que ahora los gentiles conocen y sirven a Dios el Salvador, y disfrutan de la promesa de felicidad y vida eterna garantizada en esta vida, y preparada en el cielo.

HENRICUS MOLLERUS [1530-1589]
"Enarrationis Psalmorvm Davidis, ex praelectionibvs", 1639

Dios había de ser glorificado por dos clases de pueblos: por los judíos, conforme a la ley de Moisés; y por los gentiles, conforme a los siete preceptos de los hijos de Noé, con lo que habría una sola Iglesia, así como estos dos versículos constituyen un solo salmo».

[4] Dice al respecto JUAN CRISÓSTOMO [347-407]: «Se trata de un salmo profético, con una profecía referente a la Iglesia, que ha tenido su cumplimiento con la predicación del evangelio por toda la tierra. El llamamiento de este salmo no es a una, ni a dos, ni a tres naciones en concreto, sino a toda la tierra y el mar por entero. Y expone que la causa de la salvación de las naciones no van a ser sus propias acciones buenas, sino únicamente la bondad y misericordia de Dios que excede sobre ellas. Todo esto se cumplió cuando brilló el Sol de justicia (Malaquías 4:2) en la venida de Cristo».

[5] Juan 1:17.

[6] Juan 4:24.

Este salmo, que es el capítulo o porción más corta de todo el Libro de Dios, es citado por el apóstol Pablo en Romanos como un pasaje de especial interés y significancia: *"Y otra vez: Alabad al Señor todos los gentiles, y magnificadle todos los pueblos"*[7]. Con respecto a esto alguien ha dicho acertadamente: "Se trata de una porción muy corta de la Escritura, que puede ser pasada por alto con facilidad. Pero no por el Espíritu Santo, que recoge este breve testimonio sobre la concesión de la gracia a los gentiles, y lo despliega ante nosotros dándole todo el realce necesario para captar nuestra atención."

JOHN GEORGE BELLETT [1795-1864]
"Short Meditations on the Psalms, chiefly in their Prophetic carácter", 1871

Tanto el autor como la fecha o la ocasión para la que se escribió este salmo son desconocidos. De Wette[8] lo considera uno de los *Salmos del Templo,*[9] y coincide con

---

[7] Romanos 15:11.

[8] Se refiere a WILHELM MARTIN LEBERECHT DE WETTE [1780-1849]. Teólogo y erudito bíblico alemán, profesor en las universidades de Heidelberg, Berlín y Basilea. Reconocido promotor del criticismo bíblico, sus obras escritas en latín *"Dissertatio criticoexegetica, qua Deuteronomium a prioribus Pentateuchi libris diversum"*, 1805, y especialmente su *"Commentar ueber die Psalmen"*, 1811, causaron un gran revuelo entre los estudiosos de la época. Con el paso de los años adoptó posturas más conservadoras.

[9] El orden de culto judío en el Templo utilizaba salmos específicos para distintas cosas y uno en concreto para cada día de las semana, comenzando por el primer día (nuestro domingo) en que se recitaba el Salmo 24, salmo que habla de la creación; el salmo 48 para el segundo día; el 82 para el tercero; el Salmo 94 para el cuarto; el Salmo 81 para el quinto; el Salmo 93 para el sexto; para el séptimo, el *Sabbath,* el Salmo 92.

Rosenmüeller[10] en el supuesto de que se cantaba bien al principio o al final de las celebraciones en el recinto sagrado. Knapp[11] supone que se utilizaba como interludio[12] siendo cantado por el coro o entonado por toda la congregación en las pausas habidas entre las distintas partes del culto con el propósito de estimular la devoción y despertar en los asistentes un renovado interés.

ALBERT BARNES [1798-1870]
"Notes, critical, explanatory, and practical,
on the book of Psalms", 1868

En la adoración a Dios no siempre es necesario ser largo y prolijo; a menudo unas pocas palabras dicen lo suficiente, como este corto Salmo nos da a entender.

DAVID DICKSON [1583-1663]
"Explication upon the Last Fifty Psalms", 1655

---

[10] Se refiere a ERNST FRIEDRICH KARL ROSENMÜLLER [1768-1835], teólogo y orientalista alemán, profesor de lenguas orientales en Leipzig y autor de importantes obras de exégesis bíblica sobre el Antiguo Testamento, entre las que destaca su monumental obra póstuma *"Scholia in Vetus Testamentum"*, 1836.

[11] Se refiere a GEORG CHRISTIAN KNAPP [1753-1825], erudito teólogo alemán, profesor en la Universidad de Halle y destacado líder del movimiento pietista. Escribió y publicó en 1777 *"Die Psalmen übersetzt und mit Anmerkungen"*, "Los salmos traducidos con anotaciones", que es la obra a la que hace referencia el autor.

[12] En lenguaje musical un *interludio* es una composición corta que se interpreta entre las distintas pares o actos de una obra mayor, por regla general una opera lírica. También era costumbre en el siglo XVIII que el organista tocara un breve interludio musical entre las estrofas de los himnos o salmos que se cantaban en las iglesias, que en la mayoría de los casos solía consistir en la misma melodía del himno pero adornada a su libre criterio e imaginación.

Este Salmo es el más corto, y a su vez está próximo a uno de los más largos. Hay lugar y oportunidad tanto para los himnos cortos como para los largos; para las oraciones cortas y las oraciones largas; para los sermones cortos y los sermones largos; para los discursos cortos y los discursos largos. Mejor es pecar de corto que de largo, puesto que lo primero se puede reparar más fácilmente que lo segundo. Los mensajes cortos no necesitan una división formal; los mensajes largos la requieren, como el salmo ciento diecinueve que viene después del próximo.

GEORGE ROGERS [1798-1891]

3

Vers. 1. *Alabad a Jehová, naciones todas; pueblos todos, alabadle.* [*Alabad a Jehová, naciones todas; pueblos todos, alabadle.* RVR] [*¡Alaben al Señor, naciones todas! ¡Pueblos todos, cántenle alabanza!!* NVI] [*Alabad al Señor, naciones todas; alabadle, pueblos todos.* LBLA]

Alabad a Jehová, naciones todas. Una exhortación a los gentiles a glorificar a Jehová, y una clara demostración de que el espíritu del Antiguo Testamento difiere ampliamente de la intolerancia y el fanatismo mezquino y constreñido del que se habían infectado los judíos en los días de nuestro Señor.[13] No cabe entender de otra manera que el

---

[13] Sobre esto, KRAUS transcribe esta interesante observación del profesor ROBERT MARTIN-ARCHARD [1919-1999] de su obra *"Israël et les nations"*: «Un salmo minúsculo como el Salmo 117 plantea ya todo el problema de la significación y del universalismo en el Salterio. Israel no es la meta de la revelación vetotestamentaria, sino que es el instrumento que su Dios escogió para manifestar su propia gloria. El pueblo elegido es el testigo de Yahvé en el mundo, su presencia es una pregunta formulada ante las naciones antes de ser la ocasión para la salvación de las mismas».

salmista vea a las naciones como partícipes en la alabanza a Jehová y las invite a unirse a ella, si no considera que participan también de los beneficios de los que disfruta Israel. Por tanto, el Salmo es una advertencia a Israel a que entienda que la gracia y misericordia de su Dios no pueden verse como algo limitado a una sola nación, ya que en el futuro, en días más felices y gloriosos, se extenderá a toda la raza humana, tal como profetizó Moisés cuando dijo: *"Alegraos, oh vosotras naciones, su pueblo"*[14] pues esto es lo que dice exactamente el texto hebreo.[15] Las na-

---

[14] Deuteronomio 32:43. La Reina Valera traduce *"Alabad, naciones, a su pueblo"*, una traducción que no tiene exactamente el mismo sentido. Spurgeon hace aquí una traducción directa del hebreo siguiendo los Targums de Onquelos y de Jonathan: *"Rejoice. O ye nations, his people"*, "Alegraos, oh vosotras naciones, su pueblo", una traducción que encaja mejor con su idea y con el texto de Romanos 15:10, donde el apóstol cita este mismo texto de Deuteronomio para dar a entender que los gentiles son también pueblo de Dios.

[15] Dice al respecto Francisco Lacueva [1911-2005] en el "Comentario de Matthew Henry": «Aquí se convoca a todas las naciones a alabar al Señor, lo cual no era posible en el Antiguo Testamento, porque, a menos que el pueblo de una nación se hiciera judíos y se circuncidara, no era admitido conjuntamente a las divinas alabanzas. Pero el Evangelio de Cristo, por mandato suyo, ha de ser predicado a todas las naciones y, derribado el muro de separación, los que estaban lejos son puestos cerca (v. Efesios 2:13, 14). Los vocablos hebreos del original para "naciones" גּוֹיִם *gōwyim* y "pueblos" הָאֻמִּים *hā'ummîm* son los mismos que se utilizan en el Salmo 2:1, con lo que podemos concluir que también los que han sido enemigos del reino de Cristo pueden llegar a ser súbditos obedientes de tal reino. El Evangelio del reino había de ser proclamado a todo el mundo para testimonio a todas las naciones (Mateo 24:14; Marcos 16:15). Las buenas nuevas, enviadas a todas las naciones, habían de estimularlas a alabar a Dios; y el poder de la gracia del Evangelio les daría corazón para alabarle».

ciones serán su pueblo. Y llamará *"pueblo mío al que no era mi pueblo, y a la no amada, amada"*[16]. Sabemos y creemos que ninguna tribu de entre los hombres dejará de estar representada en el cántico universal que un día se elevará hasta el Dios y Señor de todos. Muchos son los que, procedentes todo linaje, lengua y pueblo, han sido ya alcanzados y reunidos para este fin mediante la predicación del Evangelio, y que se han juntado con entusiasmo para magnificar la gracia que les buscó y les llevó a conocer al Salvador. Pero estos no son más que la avanzadilla de un número incontable que se sumará dentro de poco a la adoración de Aquel que es merecedor de toda gloria.

Pueblos todos, alabadle. Y una vez le hayáis alabado, alabadle de nuevo, y hacedlo aún más fervorosamente, incrementando, día tras día, la reverencia y el celo con el que ensalzáis al Altísimo. No se trata únicamente de que le alaben las *"naciones"* de forma institucional, y que lo haga la élite de sus gobernantes; sino que han de alabarle también los *"pueblos"*, esto es, todos y cada uno de sus súbditos, las masas. La multitud de los pueblos, la gente común, bendecirá también al Señor. Al repetirse dos veces, el llamamiento se confirma: los gentiles deben exaltar a Jehová y lo exaltarán, todos ellos, sin excepción. Bajo la dispensación del evangelio no adoramos a un dios distinto, a otro dios nuevo, sino al mismo, al Dios de Abraham, que es también nuestro Dios y que por los siglos de los siglos *"será llamado Dios de toda la tierra"*.[17]

C. H. Spurgeon

---

[16] Oseas 2:23; Romanos 9:25; 1ª Pedro 2:10.
[17] Isaías 54:5.

Alabad a Jehová. Este corto pero emotivo salmo comienza alabando a Dios y termina alabando a Dios. Busca con ello demostrar que cuando de alabar a Dios se trata, los santos nunca tienen bastante, jamás se muestran satisfechos de sus propios esfuerzos, sino que redoblan sus energías y se esmeran en magnificarle más y más, sabiendo que nunca alcanzarán el límite porque sus perfecciones son infinitas. Por ello, trazan con su alabanza un círculo sin fin, en el cual su principio, su mitad equidistante y su conclusión es siempre un ¡A*leluya!* En el salmo final (150:6), tras haber exclamado David: *"Todo lo que respira alabe al Señor"*, dando teóricamente por concluida su alabanza, no se siente del todo satisfecho, y añade otro ¡Aleluya!, repitiendo: *"¡Alabado sea el Señor!"*. El salmista lo había dicho todo, pero no sentía que había terminado de decirlo todo. Así, cuando consideramos que ya hemos dicho de Dios en alabanza todo cuanto podíamos decir, en modo alguno debemos sentirnos satisfechos, pues nos corresponde empezar de nuevo. No hay otro deber sobre el cual se haga mayor énfasis en el Antiguo Testamento (aunque sea tan poco practicado) que el de alabar a Dios. Y es precisamente para azuzarnos a cumplir con una obligación tan necesaria que David escribió este y otros muchos salmos. Aquí, nos reta mencionando a las naciones, para que, sintiéndonos parte de ellas, decidamos consagrar por completo nuestra vida al canto y a la proclamación de alabanzas dignas de nuestro Dios y Señor.

ABRAHAM WRIGHT [1611-1690]
"A Practical Commentary or Exposition upon the Book of Psalms", 1661

Naciones todas. Tomemos nota de que cada nación del mundo tiene algún don o privilegio especial otorgado por

Dios, ya sea relacionado con la naturaleza o con la gracia, que no se concede a las demás, y por el cual tiene el deber y la obligación de rendirle especial alabanza.

THOMAS LE BLANC [1599-1669]
"Psalmorum Davidicorum Analysis in qua aperte cernitur singulis in Psalmis ordinem esse admirabilem: adjungitur commentarius amplissimus", 1645

Pueblos todos, alabadle. El salmista emplea aquí para decir *"alabadle"* una palabra hebrea: שַׁבְּחוּהוּ *bəḥūhū* de שָׁבַח *shabach* distinta a la que utiliza en la cláusula anterior: הַלְלוּ *hallū* de *halal*. Una palabra de uso más común en caldeo, siríaco, árabe y lenguas etíopes, y que significa la celebración y proclamación de alabanzas de Dios en voz alta.[18]

JOHN GILL [1697-1771]

Vers. 2. *Porque ha engrandecido sobre nosotros su misericordia, y la fidelidad de Jehová es para siempre. Aleluya. [Porque ha engrandecido sobre nosotros su misericordia, y la fidelidad de Jehová es para siempre. Aleluya. RVR] [¡Grande es su amor por nosotros! ¡La fidelidad del Señor es eterna! ¡Aleluya! ¡Alabado sea el Señor! NVI] [Porque grande es su misericordia para con nosotros, y la verdad del Señor es eterna. ¡Aleluya! LBLA]*

---

[18] Dice al respecto CASIODORO [485-583]: «Aquí se refiere a una alabanza colectiva, expresada unánimemente por la iglesia universal en su conjunto, reunida en distintos lugares del planeta».

Porque ha engrandecido sobre nosotros su misericordia.[19] Lo que da a entender que su gran amor alcanza no solo al pueblo judío, sino a toda la raza humana. El Señor es bueno con nosotros porque somos criaturas suyas, y misericordioso porque somos pecadores, de ahí su bondad misericordiosa para con nosotros como criaturas pecadoras. Tal misericordia ha sido siempre muy grande o poderosa. La gracia poderosa de Dios prevaleció por encima de las aguas del diluvio que inundaron la tierra: y desbordando cualquier límite, ha fluido por doquier hasta alcanzar los últimos rincones del prolífico linaje humano. En Cristo Jesús, Dios ha manifestado misericordia mezclada con bondad, y en el más alto grado. Todos podemos participar, por tanto, en este reconocimiento agradecido y en la alabanza que por ello le es debida.

Y la fidelidad de Jehová es para siempre. Ha cumplido fielmente su promesa del pacto que establecía que en la simiente de Abraham serían benditas todas las naciones de la tierra,[20] y mantendrá eternamente todas y cada una de sus promesas hechas en ese pacto a todos aquellos que

---

[19] En hebreo כִּי גָבַר עָלֵינוּ חַסְדּוֹ *kî-gābar 'ālênū ḥasdōw.* La Versión griega de los LXX o *Septuaginta* lee αλληλουια ἐκόμολογέω ὁ κύριος ὅτι ἀγαθός ὅτι que la *Vulgata* traduce como *"Quoniam comfirmata est super nos misericordia ejus"*, "Porque se ha confirmado sobre nosotros su misericordia". SCHÖKEL hace esta interesante y sugerente traducción: *"porque la lealtad del Señor puede más que nosotros"*, es decir, nos supera. Sobre la traducción de la *Vulgata: "Porque se ha confirmado sobre nosotros su misericordia",* JUAN CRISÓSTOMO [347-407] hace el siguiente comentario: «Su misericordia *"se ha confirmado",* esto es, se ha fortalecido, solidificado, hecha firme y más estable que una piedra. Su solidez va en aumento cada día y por ello *"su fidelidad permanece para siempre"*».

[20] Génesis 22:18.

ponen su confianza en él.[21] Ello debe ser motivo de constante alabanza y agradecimiento, por lo que el salmo concluye
como empezó, con otro sonoro ¡Aleluya!, sí ¡Alabado sea
el Señor!

C. H. SPURGEON

Porque grande es su misericordia para con nosotros.
No puedo terminar mi comentario a este salmo sin señalar
que incluso en el Antiguo Testamento tenemos numero-
sos ejemplos de reconocimiento, por parte de pueblos y
personajes paganos, de que el favor de Dios con Israel
era también indirectamente una fuente de bendición para
ellos. Tales eran probablemente en cierta medida los sentimientos de Hiram rey de Tiro[22] y la Reina de Sabá,[23] am-
bos contemporáneos de Salomón; tal fue la experiencia de
Naamán,[24] tales los reconocimientos virtuales de Nabu-
codonosor[25] y Darío el medo.[26] Todos ellos contemplaron

---

[21] Dice al respecto CASIODORO [485-583]: «Considero que esta
"verdad que permanece para siempre" es su propio Hijo, como
él mismo lo declara: *"Yo soy el camino, y la verdad, y la vida;
nadie viene al Padre, sino por mí"* (Juan 14:6). AGUSTÍN DE HIPONA
[353-429] le da la siguiente interpretación: «"La verdad del Señor
permanece para siempre", tanto en lo que se refiere a lo que tiene
prometido a los justos como a sus amenazas y condenas contra los
impíos».

[22] 2ª Crónicas 2:11,16; 1ª Reyes 5:1-18.
[23] 1ª Reyes 10:1-13; Mateo 12:42.
[24] 2ª Reyes 5:1,27.
[25] Jeremías 27:6-8.
[26] Daniel 6:25-27.

"su misericordia" hacia sus siervos de la casa de Israel y, en consecuencia, elogiaron y alabaron a Jehová.

JOSEPH FRANCIS THRUPP [1827-1867]
"Introduction to the Psalms", 1860

Porque grande es su misericordia para con nosotros. A pesar de que nuestra alabanza es algo de lo que Dios es acreedor por sí mismo, y aunque no fuéramos receptores ni partícipes de ninguno de sus beneficios; el Señor tiene a bien otorgar a su pueblo motivos sobrados para alabarle por favores y causas particulares.

DAVID DICKSON [1583-1663]
"Explication upon the Last Fifty Psalms", 1655

Porque grande es su misericordia para con nosotros. La palabra hebrea גָּבַר *gābar,* que algunas versiones traducen por *"grande",* no solo significa grande en número o tamaño, sino también "fuerte, poderosa"; prevalece sobre el pecado, Satanás, la muerte y el infierno.

ADAM CLARKE [1760-1832]
"Commentary on the Whole Bible", 1831

Porque grande es su misericordia para con nosotros, y la verdad del Señor es eterna. Aquí, como en otros Salmos, la misericordia y la verdad (fidelidad) de Jehová van juntas, para mostrar que todos los métodos, tanto en ordenanzas como en providencias, por medio de los cuales Dios se pone en contacto con su pueblo, no solo son misericordia, aunque esta sea muy dulce, sino también verdad. Las bendiciones divinas llegan a sus escogidos, por la vía de la promesa, como algo garantizado por la fidelidad de su pacto, lo cual satisface verdaderamente el alma y hace que todo se vuelva agradable, pues toda misericordia es un regalo recibido desde el cielo en virtud de una promesa. Por ello, en los salmos, la misericordia de Dios va casi siempre ligada a su verdad, a fin de que nadie pueda conjeturar que Dios es más misericordioso de lo que él mismo ha establecido en su Palabra; ni tampoco desesperar imaginando que no encontrará en él la misericordia gratuita preceptiva que espera en base a la verdad y fidelidad de su promesa.[27] Así que, por descomunales que sean tus pecados, limítate a creer fielmente lo que dice el texto y reconoce que la misericordia de Dios es mayor que tus pecados. Los cielos se extienden por encima de las montañas más elevadas como de las más suaves colinas y de igual modo la misericordia divina puede cubrirlo todo. Cuanto más grave y desesperada sea tu enfermedad, más grande es la gloria del médico que te ha sanado por completo.

ABRAHAM WRIGHT [1611-1690]
"A Practical Commentary or Exposition upon the Book of Psalms", 1661

---

[27] Dice al respecto FRANCISCO LACUEVA [1911-2005] en el "Comentario de Matthew Henry": «En el Evangelio, esos dos más celebrados atributos de Dios, su amor misericordioso: חַסְדּוֹ *ḥasdōw* de חֶסֶד *checed;* y su verdad וֶאֱמֶת *we'ĕmet* de אֱמֶת *emeth*, equivalente a fidelidad, resplandecen con el mayor brillo en sí mismos y para el mayor beneficio nuestro. A ellos corresponde el binomio "gracia y verdad", corriente en el Nuevo Testamento desde Juan 1:14,17. Por esa verdad y por esa misericordia, habrían de glorificar los gentiles a Dios, según dice Pablo en Romanos 15:8,9. El amor misericordioso de Dios es la fuente de todos nuestros bienes, y la verdad de Dios es el fundamento de todas nuestras esperanzas; por consiguiente, por ambas perfecciones debemos alabar a Dios».

COLECCIÓN LOS SALMOS

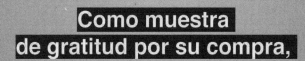